ORAISON FUNEBRE

DE

MARIE ANNE CHRISTINE DE BAVIERE
DAUPHINE DE FRANCE.

Prononcée dans l'Eglise de Nôtre-Dame le 15. Juin 1690. en présence de Monseigneur le Duc de Bourgogne, de Monsieur, & des Princes & Princesses du Sang.

Par Messire ESPRIT FLECHIER, nommé à l'Evêché de Nismes.

A PARIS,
Chez ANTOINE DEZALLIER, ruë saint Jacques, à la Couronne d'or.

M. DC. XC.
AVEC PRIVILEGE DE SA MAJESTE'.

CLERGÉ
RUMEUR
DE
MARIE ANNE GERMAIN
DE DAVILLE

PARIS

M. DC. XC.

ORAISON FUNEBRE
DE
MARIE, ANNE, CHRISTINE DE BAVIERE,
DAUPHINE DE FRANCE.

Dies mei sicut umbra declinaverunt, & ego sicut fœnum arui: tu autem, Domine, in æternum permanes. *Psal.* 101.

Mes jours se sont évanoüis comme l'ombre, & j'ay seché comme l'herbe: mais vous, Seigneur, vous demeurez éternellement. Dans le Pseaume 101.

ONSEIGNEUR,

C'est ainsi que parloit autrefois un Roy selon le cœur de Dieu, quand ses

A

jours défaillans, & ses infirmitez mortelles l'approchoient du tombeau, & lui laissoient encore un reste de vie, pour sentir sa langueur & sa chûte, & pour adorer la grandeur & la durée éternelle du Dieu vivant.

Defecerunt sicut fumus dies mei.

Il regarde sa vie, tantost comme la fumée qui s'éleve, qui s'affoiblit en s'élevant, qui s'exhale & s'évanoüit dans les airs: tantost comme l'ombre qui s'étend, se rétressit, se dissipe ; sombre, vuide, & disparoissante figure : tantost comme l'herbe qui séche dans la prairie, qui perd à midy sa fraîcheur du matin, & qui languit & meurt sous les mêmes rayons du Soleil qui l'avoit fait naître. De combien de tristes idées son esprit est-il occupé, & combien trouve-t'il par tout d'images sensibles de nos fragiles plaisirs, & de nos grandeurs passagéres?

Populus qui creabitur laudabit Dominum.

Reges ut serviant Domino.

Mais lors qu'il se regarde du côté du Seigneur, comme une de ces Creatures qui sont faites pour le loüer, comme un de ces Rois qui doivent servir à sa gloire, il demeure en suspens entre la confusion & la confiance. Il excite son humilité à la veuë de son neant; il anime ses esperances à la veuë de la bonté & de l'eternité de Dieu. Il voit une vanité qui passe, & il dit : Vous les changerez, Seigneur, & ils seront changez : Il voit une verité qui demeure, & il s'écrie : Pour vous, mon Dieu, vous êtes toûjours le même, & vos années ne finissent point : il tremble à la face de l'indignation & de la colere de ce Dieu, qui coupe le fil de ses jours, & qui le brise aprés l'avoir élevé; mais il se rassure par la pensée de ses misericordes, qui se réveillent ordinairement dans le temps de nos plus grandes miseres.

Mutabis eos & mutabuntur.

Tu autem idem ipse es.

A facie iræ & indignationis tuæ, quia elevans allisisti me.

Quia tempus miserendi ejus.

Ne connoissez-vous pas, MESSIEURS, dans les sentimens de ce Prince, ceux de la Princesse que nous pleurons ? Ne vous semble-t'il pas qu'elle vous dit d'une voix mourante : La lumiere de mes yeux s'éteint, un nuage sans fin se leve entre le monde & moy : je meurs, & je m'échappe insensiblement à moy-même, tristes momens ! terme fatal de ma languissante jeunesse ! Mais si je sens qu'il n'y a qu'un petit nombre de jours pour moy, je fçay auffi qu'il y a des années éternelles. La main qui me frappe, me foûtiendra; & comme par la loy du corps je tiens à ce Monde qui paffe : par l'efperance & par la foy je tiens à Dieu qui ne paffe point.

Si je venois déplorer icy la mort impréveuë de quelque Princeffe mondaine, je n'aurois qu'à vous faire voir le Monde avec fes vanitez & fes inconftances : cette foule de figures qui fe prefentent à nos yeux, & s'évanoüiffent : cette revolution de conditions & de fortunes qui commencent & qui finiffent, qui fe relevent & qui retombent : cette viciffitude de corruptions, tantoft fecretes, tantoft vifibles, qui fe renouvellent : cette fuite de changemens, en nos corps par la défaillance de la nature, en nos ames par l'inftabilité de nos defirs ; enfin, ce dérangement univerfel & continüel des chofes humaines, qui tout naturel & tout défordonné qu'il femble à nos yeux, eft pourtant l'ouvrage de la main toute-puiffante de Dieu, & l'ordre de fa Providence.

DE MADAME LA DAUPHINE. 5

Mais, graces au Seigneur, je viens loüer une Princesse plus grande par sa Religion que par sa naissance ; & vous montrer, au lieu des fragilitez de la Nature, les effets constans de la Grace : des Vertus Evangeliques pratiquées en esprit & en verité, des Sacremens reçûs avec des sentimens d'une devotion exemplaire, des prieres attentives & perseverantes : une volonté soûmise & conforme à la conduite de Dieu sur elle : des souffrances unies à celles de JESUS-CHRIST crucifié: des consolations venuës du sein du Pere des misericordes, des esperances immobiles, fondées sur celui qui dit dans l'Ecriture : *Je suis Dieu, je ne change point.* Malach. 3. Récüeillons ce discours, & réduisons-le à vous faire voir une vie courte, mais toute reglée par la sagesse, une longue mort soûtenuë par la resignation, & la patience. Ces deux Réfléxions composeront l'Eloge de TRES-HAUTE, TRES-PUISSANTE, TRES-EXCELLENTE PRINCESSE MARIE, ANNE, CHRISTINE, VICTOIRE DE BAVIERE, DAUPHINE DE FRANCE.

A iij

I. PARTIE.

Quel est donc mon dessein, MESSIEURS, & de quelle sagesse dois-je icy vous entretenir? Ce n'est pas de celle du Siecle, qui s'empresse & qui s'inquiéte, qui conduit des intrigues, qui démêle des interests, qui traitte d'affaires, qui cause ou qui termine des differends. Vous ne verrez dans ce Discours, ny ces digressions politiques qu'on accommode au sujet avec art, & qu'on raméne à la Religion avec peine: ny ces portraits ingenieux, où l'imagination vive & hardie fait voir, comme en éloignement, les agitations presentes du Monde, avec les intérests & les passions des grands Hommes qui le gouvernent.

L'Histoire de nôtre Princesse n'est pas liée à celle du siecle; elle n'a nulle part à la guerre, ny à la paix des Nations. Ses actions n'ont point de plus grand éclat que celuy que la vertu donne: La Providence de Dieu ne s'est pas tant servie d'elle pour faire de grandes œuvres, que pour donner de grands Exemples. Quelque honorée qu'elle ait esté, elle a eu moins de reputation que de merite;

& nous pouvons dire d'elle à la lettre, ce que difoit le Roi Prophete, Que toute la gloire de la fille du Roy eft renfermée au-dedans d'elle : *Omnis gloria filia* *Regis ab intus.* Pf. 44

Je parle donc de cette fageffe, qui montre à chacun les régles & les bien-féances de fon état, qui donne le difcernement pour connoître, & la prudence pour agir, qui fepare les veritez des illufions, qui fe fait des préceptes de bien vivre, & qui les obferve. Enfin, de cette fageffe dont parle l'Apôtre Saint Jacques; *Qui vient* Epift. c. 3. *d'en-haut, qui eft chafte, paifible, modefte, équitable, fufceptible de tout bien, docile, pleine de mifericorde, & de fruits de bonnes œuvres, qui ne juge point, & qui n'eft point diffimulée.* Eft-ce la Sageffe qu'il loüe ? Eft-ce la Princeffe ? L'une, & l'autre, ce n'eft prefque qu'une même chofe.

Avec quelle moderation a-t'elle ufé des avantages que luy donnoient fon rang & fa naiffance ? Qui ne fçait que la Maifon de Baviére eft une de ces Maifons auguftes, où la puiffance, la valeur

& la pieté se perpetuënt, & dont la gloire ne vieillit point avec le temps. Il en est sorti des Rois & des Empereurs, il y est entré des Imperatrices & des Reines. Combien de siecles faut-il percer pour découvrir son origine ? Combien de Couronnes faut-il unir pour compter ses alliances ? Et combien faudroit-il rapporter de Noms & d'Actions heroïques, pour la faire voir dans tout son éclat ?

Madame la DAUPHINE, je l'avouë, ne fut pas insensible à cette espece de gloire, mais elle n'en fut pas éblouïe. Elle fondoit sa grandeur sur les exemples, plûtost que sur les titres de ses Ancêtres ; l'idée qu'elle avoit de sa Naissance excitoit dans son cœur, non pas une élevation d'orgüeil, mais une émulation de vertu, & la pureté du Sang ne fit que servir de motif à la pureté de ses mœurs; Elle sçavoit que Maximilien son Ayeul soûtint par son zele & par son courage les Autels que l'Héréfie avoit ébranlez, & sauva la Religion attaquée & chancelante dans l'Allemagne. Elle n'ignoroit

roit pas que Guillaume son Bisayeul, après avoir sagement gouverné ses Etats, s'en démit par une abdication volontaire, pour joüir d'une sainte tranquillité dans une retraite religieuse. C'est de là qu'elle tiroit ces principes de religion & de retraite, & ce desir qu'elle avoit eu dans ses jeunes ans de renoncer tout-à-fait au monde.

Mais Dieu la reservoit dans les thresors de sa Providence, pour donner à la France, par son heureuse fecondité, la seule benediction qui luy manquoit. La prudente Adelaïde meditoit ce noble dessein. Occupée de la puissance & de la majesté de nos Rois dont elle sortoit, quel soin ne prit-elle pas de son enfance ? Combien de fois demanda-t'elle au Ciel dans ses priéres, d'aprocher la fille du Trône, où la mere avoit autrefois esperé de monter ? Avec quelle aplication luy forma-t'elle une humeur sage, un esprit juste, un cœur François ? heureuse, si elle eût pû faire passer ces inclinations dans le reste de sa Famille. Ses vœux furent enfin accomplis, mais elle ne vit pas le jour du Seigneur, elle mourut, comme Moïse, sur la montagne; & Dieu, pour sa consolation, se contenta de lui montrer de loin la Terre promise.

Deuter. 32.

Cependant la reputation de cette jeune Princesse croissoit avec l'âge. Sa prudence avancée luy tenoit lieu d'éducation. Elle se fit dans son Palais une cour, & une retraite; & par la force de sa raison, elle apprit l'art de parler & de se taire. On vit paroître en elle ce que nous avons depuis admiré, la retenuë qu'inspire la solitude, la politesse que donne l'usage du monde, une fierté noble qui marquoit la grandeur de sa naissance, une scrupuleuse pudeur qui marquoit le fond de sa vertu : une vivacité qui luy faisoit souvent prévenir les pensées des autres : une sagesse qui luy donnoit toûjours le temps de peser les siennes : une bonté prête en tout temps à faire le bonheur des uns, à soulager les peines des autres ; une sincerité qui la rendoit incapable de dissimuler, ni par gloire, ni par foiblesse : une fidelité inviolable dans ſes amitiez & dans ſes paroles. Enfin, une pieté qui n'étoit ni auſtére ni relâchée, qui ſe faiſoit honorer de tous, & ne ſe faiſoit craindre à perſonne.

Toutes ces grandes qualitez brillérent à ſon arrivée. Souvenez-vous, MESSIEURS, de ces jours heureux, où parmy les vœux & les acclamations des Peuples, elle parut au milieu d'une Cour pompeuſe, avec un air qui n'avoit rien ni d'étranger, ni de contraint; avec une grace plus eſtimable & plus touchante que la beauté même. Vous la vîtes ſoûtenir les favorables regards du plus grand Roi du monde, avec les ſentimens d'une joye modeſte, & d'une humble reconnoiſſance : allumer au pied des Autels, à la vûë d'un aimable & royal Epoux, les feux ſacrez d'un chaſte Mariage, & recevoir les hommages qu'on luy rendoit, avec un viſage auſſi doux & auſſi riant que ſa Fortune. Applaudie de tous, mais à ſon tour affable & civile à tous, elle prévenoit ceux-cy, répondoit honnêtement à ceux-là, donnant au rang & au merite des préferances d'inclination

& de juſtice, ſans faire des mécontens ni des envieux, conſervant de ſa dignité, ce que luy en faiſoit garder la bienſéance, & ne comptant pour rien ce que ſa bonté luy en faiſoit perdre.

Mais quoy! oubliai-je mon triſte ſujet? & comment accordai-je icy le ſouvenir de ces joyeuſes ſolemnitez à cét appareil de cérémonies funébres? Il eſt juſte, MESSIEVRS, que vous eſtimiez la perte que vous avez faite, que vous ſçachiez les joyes auſſi bien que les douleurs que Madame LA DAUPHINE a reſſenties, & que vous connoiſſiez le bon uſage qu'elle a fait des biens, & des maux de la vie.

Quelle fut la moderation de ſon eſprit? Vous parlerai-je de ces Audiances où elle recevoit les Ambaſſadeurs, entrant dans les intereſts de chacun, & parlant à chacun ſa langue, accompagnant les honneurs qu'elle leur faiſoit, d'un air de grandeur & d'intelligence, & joignant toûjours à l'élegance du diſcours, les graces de la modeſtie? Vous dirai-je avec quel diſcernement elle jugeoit des ouvrages d'esprit ? Quelle justesse, mais aussi quelle circonspection étoit la sienne ! exacte sans critique, indulgente sans flatterie, loüant par connoissance, excusant par inclination, & ne blâmant que par necessité. Elle se défioit de ses lumiéres : une sage timidité luy fit presque toûjours suprimer une partie de son avis, bien loin de décider comme la plûpart des personnes de son élevation & de son sexe, qui pour faire valoir leurs sentimens, se servent de l'authorité qu'elles ont, & de la complaisance qu'on a pour elles.

Combien étoit-elle plus retenuë en matiére de Religion ! éloignée de curiosité & de présomption, elle ne sçavoit que deux choses, obéir, croire. Elle ne refusoit pas d'être instruite, mais elle n'avoit pas besoin d'être convaincuë, allant à Dieu par la docilité de son cœur, non pas par l'agitation de son esprit. Le moindre bruit de division dans l'Eglise la faisoit trembler. Les différends & les disputes des Théologiens allarmoient sa pieté d'autant plus craintive, qu'elle étoit constante & solide ; & comme on voulut quelquefois luy faire entendre la diversité des opinions & des doctrines : *Laissez-moy*, disoit-elle, *mon heureuse ignorance, & ne m'ôtez pas le merite & la tranquillité de ma foy.* Attachée au S. Siege & à l'Eglise de JESUS-CHRIST par les liens de paix, de charité & d'obéïssance, elle sçavoit que tout Fidele doit captiver son entendement ; que comme il y a une voye étroite qui resserre les mœurs dans les regles de l'Evangile, il y a aussi un chemin étroit qui resserre l'esprit dans la créance de l'Eglise ; & qu'enfin Dieu ne demande pas aux personnes de son sexe une sublime raison, ni une science fastueuse : mais une devotion tendre, & une foy simple accompagnée d'un humble silence.

N'est-ce pas cette Foy qui la conduisit & la regla dans tous les offices de la vie chrétienne ? Quel ordre & quelle attention dans ses prieres ! elle s'y prepare par le recueillement, s'y soûtient par la ferveur, s'y perfectionne par les desirs, les resolutions, & la vigilance.

2. Cor. 10.

Leon Serm. 24. c. 1.

Son imagination se purifie, les idées du Monde s'éloignent au moindre signal qu'elle leur donne, & son cœur par une sainte habitude se rend à elle, ou plûtoft à Dieu, aux heures qu'elle a marquées, pour implorer ses misericordes, ou pour reciter ses loüanges. Entret'elle dans les lieux saints pour assister aux sacrez Mysteres ? prosternement, adoration, silence. Elle porte à l'Agneau sans tache, immolé sur l'Autel, des vœux sincéres, des pensées pures, des affections spirituelles, l'oblation d'un cœur contrit & reconnoissant, & le sacrifice de ses passions détruites, ou du moins humiliées.

Quels égards n'avoit-elle pas pour les Prêtres de JESUS-CHRIST, qu'elle consideroit comme les Ministres de sa Loy, & les Dispensateurs de son Sang & de sa Parole ? Ecoutez, esprits moqueurs & libertins, qui prenez plaisir d'abbaisser ceux que Dieu éleve, & qui cherchez aux dépens de leur caractére, le ridicule de leur personne. Elle ne soufroit pas qu'on touchât aux Oints du Seigneur, les honorant lors même qu'ils sembloient se rendre méprisables, couvrant leurs foiblesses par sa charité, & voyant au travers des défauts de l'humeur & de l'esprit de ceux que Dieu souffroit dans ses Ministéres, l'honneur de leur vocation, & la dignité de leur Sacerdoce. Quelle étoit sa regularité dans les observances de l'Eglise, qu'elle regardoit, non pas comme des coûtumes de bienséance, ou des institutions d'une discipline arbitraire, mais comme des regles & des pratiques de salut, dont elle ne se dispensa jamais, qu'aprés avoir examiné ses besoins, & rendu à ses Pasteurs les déferances necessaires.

De ce même principe de religion & de sagesse naquit cette bonté si connuë & si éprouvée. Que ne puis-je vous découvrir icy les inclinations genereuses de cette Princesse bienfaisante, liberale, & charitable ! A qui refusa-t'elle jamais ses assistances ? A qui ne fit-elle pas tout le bien qui dépendît d'elle ? A qui ne soûhaitta-t'elle pas tout celuy qu'elle ne put faire ? Je réveille icy, sans y penser,

Maison

DE MADAME LA DAUPHINE. 17
Maiſon déſolée de cette Princeſſe, vôtre tendreſſe & vôtre douleur, par le ſouvenir des bienfaits, ou de l'eſperance qui vous reſtoit de la protection d'une ſi bonne & ſi puiſſante Maîtreſſe. Elle alloit à la ſource des graces avec une humble confiance. Elle employoit auprés du Roy ſes ſollicitations & ſes prières, prudente ſans timidité, preſſante ſans indiſcretion, montrant plus d'impatience dans ſes deſirs, que dans ſes demandes, attendant de la bonté du Prince plus que de ſon propre credit, les graces qu'il voudroit luy faire. Elle en revenoit toûjours ſatisfaite, ſoit qu'elle rapportât des biens preſens, ou des promeſſes pour l'avenir; également reconnoiſſante de ce qu'on lui accordoit avec plaiſir, ou de ce qu'on lui refuſoit avec peine.

Combien de Lampes précieuſes qui brûlent dans les Sanctuaires! Combien de Vaſes ſacrez qui ſervent à la gloire du Saint Sacrifice! Combien de dons brillans ſuſpendus devant les Autels, ſont des monumens éternels de ſa foy &
C

de sa pieté liberale! Combien de Familles & de Communautez chancellantes ont esté soûtenuës par les secours qu'elle leur donnoit ! Que vous diray-je, MESSIEURS, de sa charité ? que la compassion sembloit être née avec elle : qu'elle a étendu sa main sur le pauvre ; qu'elle n'a pas fait attendre inutilement la veuve avec l'orfelin ; que l'abondance de ses aumônes a répondu à la tendresse de son cœur ; qu'elle a soulagé autant de miserables qu'elle a connu de veritables miseres ; & qu'enfin, à l'exemple du Dieu qu'elle servoit, elle a esté riche en misericorde.

Job 31.
Proverb. 31.

Ephes. 2.

Attentive à tout ce qui peut servir le prochain, elle ne l'est pas moins sur tout ce qui peut le blesser. Qui de vous, sur des bruits incertains, l'oüit jamais parler desavantageusement de personne ? Ne se fit-elle pas une religion de donner un frein à sa langue, en un siecle où l'on blâme indifferemment les vices & les vertus, où l'on se fait une étude des défauts d'autruy, où la malignité des uns se joüe de la foiblesse des autres :

où par un juste jugement de Dieu, la vanité insulte à la vanité; & où les plus sages ont peine à se sauver de l'iniquité des jugemens & de la contradiction des langues. Echapa-t'il jamais à son esprit vif & present, quelqu'une de ces railleries d'autant plus piquantes, qu'elles sont plus ingenieuses, qui cachent beaucoup de venin sous peu de paroles, & donnent la mort en riant, selon le langage de l'Ecriture ? *Proverb.* 10.

C'étoit sa maxime que la raillerie ne convient pas à ceux qui sont élevez au-dessus des autres, que les traits qui partent d'en-haut, font des blessures plus profondes; qu'il est inhumain de s'en prendre aux gens à qui la crainte & le respect ôtent la liberté de se défendre & de se plaindre, & que de tels discours sont empoisonnez, & par la dignité de celui qui parle, & par la maligne & flatteuse approbation de ceux qui écoutent.

Que si la faute d'un domestique, car peut-on être toûjours si juste & si fidéle dans ses devoirs ? ou si la force de ses maux, car peut-on posseder toûjours son ame dans sa patience ? avoient comme arraché d'une bouche si sage & si circonspecte, une parole plûtost severe que fâcheuse, quel soin ne prenoit-elle pas d'adoucir & de guérir la playe qu'elle avoit faite ? Elle excusoit l'action, elle loüoit l'intention, elle offroit ou rendoit ses bons offices, accordant le pardon, comme si elle l'eût demandé, & justifiant la promptitude de son esprit, par la constance, & par la bonté de son cœur.

Mais si elle mit une garde de prudence sur ses lévres, pour les fermer à la médisance: elle mit aussi, selon le conseil du Sage, une haye d'épines autour de ses oreilles, pour arrêter & pour piquer les médisans. Reconnoissez icy vôtre ignorance ou vôtre injustice, vous qui prêtez l'oreille au mensonge, & qui par honneur ou par conscience renonçant à debiter les médisances, vous êtes reservé le droit de les croire, & le plaisir de les écouter. Que faites-vous par vos credulitez & vos complaisances ? Vous ani-

marginalia: Sepi aures tuas spinis. *Eccl.* 28.

DE MADAME LA DAUPHINE.

mez le médifant ; vous réchauffez le ferpent qui pique, afin qu'il pique plus furement : vous ne voulez pas être l'affaffin, mais vous devenez le complice ; & c'eft à tort que vous croyez être innocent du fang de vos freres, quand par vos applaudiffemens, vous aiguifez les fléches dont on les perce : & qu'au lieu de les proteger, vous appuyez le bras qui les tuë. *Garde-toy d'écouter la méchante langue*, dit le Sage, *ne t'avife pas d'être complaifant à ceux qui parlent mal du prochain, fi tu ne veux porter leur peché*, dit-il encore ; Et quelle marque donne le faint Efprit de la juftice & de l'innocence d'un homme de bien ? C'eft de n'avoir pas reçû favorablement l'opprobre & la médifance contre fes freres : *Qui opprobrium non accepit adverfus proximos fuos*. Eccl. ibid.

Pfalm. 14.

Ce fut-là le caractere de Madame LA DAUPHINE, bien loin d'avoir de la credulité, elle n'eut pas même en ces occafions de la patience. Elle rompit l'iniquité, & fit la guerre au détracteur. Combien de reputations innocentes sauva-t'elle des mauvais bruits qu'alloit semer la haine d'un ennemy, ou la jalousie d'un concurrent ? Combien de fois par un triste silence, ou par un sevére regard étouffa-t'elle dans sa naissance, une calomnie qui auroit causé des divisions éternelles ? Combien de fois arrêta-t'elle par authorité le coup mortel, qu'une langue cruelle alloit porter à l'honneur ou à la fortune d'une famille ?

Qu'attendez-vous d'une vie si sage & si chrétienne ? Ce qui en est la suite & la recompense, une Mort soûtenuë par une sainte resignation, & par une heureuse patience.

II. PARTIE. *Soit que nous vivions, soit que nous mourions, nous sommes au Seigneur*, dit l'Apôtre. C'est luy qui m'a fait & qui m'a créé, & qui me reduit au neant sans que je le sçache, je reconnois en l'un & en l'autre sa souveraineté, & ma dépendance. Mais quoy que nous vivions en Dieu, & que Dieu nous fasse vivre, il semble qu'en mourant nous soyons encore plus à luy. Il étend sa main, & il déploye sur nous sa puissance, il entre en possession pour l'éternité & de nos corps & de nos ames : il consomme en nous ses misericordes ou ses justices, il nous arrache au Monde, à nos plaisirs, à nous-mêmes ; & dans cét état de séparation & d'humiliation, nos volontez, à son égard, doivent être plus patientes & plus soûmises.

Telle estoit la disposition de nôtre Princesse. Je n'ay fait jusques icy que loüer d'heureuses vertus, & qu'amasser, pour ainsi dire, les fleurs qui parent la victime. Je viens à celles que produit la tribulation, & qui sont l'appareil & la consommation du Sacrifice. N'attendez pas, MESSIEURS, que je ménage vos esprits, ou que par des figures étudiées je flatte ou j'irrite vôtre douleur. La mort de Madame LA DAUPHINE est une de ces morts prétieuses qui couronnent une belle vie, qui font naître les soûpirs, & qui les étouffent ; & qui aprés avoir attendri par la compassion, rassurent par la pieté, & consolent par l'esperance.

Elle s'y prépara par la retraitte. Elle connut les inutilitez & les corruptions du Monde ; & je ne fçai quels préssentimens d'une fin prochaine luy en donnérent du dégoût. On la vit renoncer insensiblement aux plaisirs , & se faire une solitude , où elle pût se dérober à sa propre grandeur, & joüir d'une paix profonde au milieu d'une Cour tumultueuse.

Je fçai ce que vous pensez , MESSIEURS , que les Princesses comme elle , ne font pas faites ordinairement pour la solitude : qu'elles se doivent au Public ; qu'encore qu'elles ne veüillent être qu'à Dieu , leur condition les oblige à se prêter quelquefois au monde ; pour être comme les liens entre les Souverains , & les Sujets qui les aprochent : pour remplir les jours vuides des Courtisans , & leur ôter l'ennuy d'une triste & penible oisiveté : pour calmer & suspendre par d'honnêtes & necessaires divertissemens, les passions secrettes qui les devorent, & pour entretenir entr'eux la paix & la societé, en les rassemblant tous
les

les jours auprés du Trône qu'ils réverent.

Mais qui ne fçait, que felon l'Apôtre, *Nous ne fommes pas debiteurs à la chair, pour vivre felon la chair* ; que le détachement du Monde eft la premiére vocation, & le premier vœu de l'Ame Chrétienne, & que la Religion de JESUS-CHRIST eft une Religion de féparations & de folitudes. Il y a, direz-vous, un éloignement d'efprit & de mœurs, & une retraitte en foy-même, qui dans le commerce des hommes, féparent invifiblement les Juftes d'avec les pecheurs, & mettent les uns à couvert des diffipations & des convoitifes des autres.

Rome 8.

Mais qu'il eft difficile, qu'au milieu de tant de paffions, fi l'innocence ne fe perd, du moins elle ne s'affoibliffe ! A force de voir la vanité, on s'accoûtume à la connoître & à l'aimer. De tant d'objets qui frapent les fens, il s'en trouve toûjours quelques-uns qui fe gliffent jufques au cœur : Et les Ss Peres nous enfeignent, qu'il y a dans le fiécle, des féductions imperceptibles, & qu'il faut

D

moins de force à y renoncer, qu'à s'y maintenir avec la sagesse & la moderation que Dieu demande.

Saintes veritez, dont nôtre Princesse estoit penetrée, que n'êtes-vous connuës à ces Ames, dirai-je trompeuses, dirai-je trompées! qui pour plaire à Dieu, & pour plaire aux hommes, accommodent la Religion avec les plaisirs, regardent quelquefois le Ciel, sans perdre la terre de vûë, & se font honneur d'une devotion qui n'exclut pas les empressemens ni les affections du siecle ; comme si l'on pouvoit mêler aux graces de JESUS-CHRIST, les consolations & les joyes humaines, & joüir de la paix de la sainte Sion, parmi les troubles & la confusion de Babilone.

Madame LA DAUPHINE voulut éviter ces dangers. Jeux, conversations, spectacles, rien ne la tira de sa solitude. L'exemple recent d'une Reine, que la France admirera & pleurera éternellement, luy paroissoit au-dessus de la portée de sa vertu. *Que suis-je, disoit-elle, auprés d'une Sainte, en qui la grace avoit purifié tous les sentimens de la Nature, également pieuse dans ses austeritez, & dans ses condescendances, qui sçavoit trouver Dieu, là-même où souvent les autres le perdent ?* Ainsi rétenuë par une triste & secrette langueur, tantoft elle cultivoit son esprit par la lecture des Histoires édifiantes, & nourrissoit sa pieté du suc & de la substance des saintes Ecritures. Tantoft occupée à l'ouvrage, mêlant industrieusement l'or à la soye, elle employoit l'adresse, & pour parler avec le Sage, le conseil & la prudence de ses mains royales à la décoration des Autels, & à la gloire du Tabernacle. Tantoft, aprés ses priéres accoûtumées, s'abbaissant jusqu'à son neant, ou s'élevant jusqu'à Dieu par la Foy, & la méditation de ses Myftéres, elle luy demandoit sa grace, & luy offroit un cœur contrit & humilié.

Proverb. 31.

C'est alors, mon Dieu, que vous luy parliez dans la solitude, où vous-même l'aviez conduite : vous vouliez qu'elle mourût peu à peu, & comme par degrez au monde ; qu'elle perdît insensiblement le goût des plaifirs & des vanitez; & qu'ayant à mourir dans vôtre paix & dans vôtre amour, fa vie fût auparavant cachée en vous avec JESUS-CHRIST.

Quelle vie, MESSIEURS? une vie fouffrante & crucifiée. A ce mot, combien de triftes objets viennent s'offrir à ma penfée ? Une langueur qui femble d'abord plus incommode que dangereufe : des maux d'autant plus à plaindre, que n'étant pas affez connus, ils n'étoient pas peut-être affez plaints ; des remedes auffi cruels que les maux mêmes ; des douleurs vives & longues tout enfemble : les humiliations de l'efprit jointes à celles du corps : les forces de la nature ufées par le foin même qu'on prend de la foûtenir : l'art des guérifons impuiffant, & toutes les reffources réduites à la patience, & à la mort de cette Princeffe.

Je ne crains pas d'avancer icy le pitoyable recit de fes peines. Pourquoy ne dirois-je pas, fans crainte, ce qu'elle a prévû, ce qu'elle a fouffert fans foibleffe ? Elle fit de tous ces maux, comme l'Epouſe des Cantiques, un faiſſeau de myrrhe, qu'elle reçut des mains de ſon bien-aimé, & qu'elle mit dans ſon ſein, comme une marque prétieuſe de ſon amour, & de ſes volontez ſur elle. Elle attendit ces mauvais jours que le Ciel luy préparoit, pour en compoſer avec ſoûmiſſion, les exercices de ſa pieté, & le cours de ſa penitence. Elle vit toutes les dimenſions de ſa croix, & réſolut de s'y laiſſer attacher ſans ſe plaindre, & de faire du ſupplice de ſes pechez, un ſacrifice volontaire de ſa vie. Prévenuë des bénédictions, & des miſericordes du Seigneur, au travers même des nuages qu'un corps corruptible & mourant éleve juſques dans l'eſprit, les yeux éclairez de ſa foy découvrirent la main paternelle qui la frappoit, pour éprouver ſa fidelité & ſa confiance.

Can. 2.

Loin d'étendre ſa vûë ſur les eſperances trompeuſes d'un heureux avenir, elle ſe dit mille fois: *Le jour du Seigneur approche.* Prés de paroître devant le Tribunal de ſa Juſtice, elle ſe preſenta ſouvent à celuy de ſa miſericorde,

Iſaïe 13.

aprés une exacte recherche de ses actions & de ses pensées. Peché, affections au peché, ombres & apparences de peché, elle vous poursuivoit dans les plus secrets replis de son Ame ! Rien n'échappoit aux soins ni aux lumiéres de sa penitence : elle craignoit tout ; elle pesoit tout au poids du Sanctuaire, comptant pour grand tout ce qui peut déplaire à Dieu, quelque leger qu'il fût en lui-même, & considerant non pas l'importance du commandement, mais la dignité du Dieu qui commande. Ne vous figurez pas icy une foiblesse de scrupule, mais une délicatesse de vertu, un grand désir de la pureté, & une humilité profonde. Trois jours luy suffisoient à peine pour regler ses Confessions ordinaires ; & combien en prit-elle dans le cours de sa maladie, pour repasser dans l'amertume de son ame toutes les années de sa vie ; dérobant, pour ainsi dire, à la douleur de ses maux, tout le temps qu'elle pouvoit donner au repentir de ses pechez.

Vous, qui dans vos Confessions précipitées, n'examinez que la surface de vôtre ame, qui ne pouvez haïr vos pechez, que vous ne vous donnez pas le temps de connoître ; qui sous un air de Penitent, portez encore un cœur coupable, qui ne vous présentez au Sacrement de reconciliation, que pour arracher à l'Eglise une absolution qui vous lie encore davantage, & qui semblez, en retenant une partie de vos fautes, ne dire l'autre que pour appaiser les remors de vos consciences : condamnez-vous aujourd'hui sur les soins & sur l'exactitude de cette Princesse.

Lavée ainsi dans le sang de l'Agneau, elle prit de nouvelles forces pour soûtenir des maux pressans, & pour attendre une Mort tardive. Quand elle vient en peu de tems cette mort toûjours amere, & toûjours cruelle, on n'a pas le loisir de la voir avec tout ce qu'elle a d'affreux. Les sens ont toute leur vigueur, on a, pour ainsi dire, son ame encore toute entiere ; on oppose à ses maux une constance ramassée. La patience se soûtient par le desir de vivre, ou par l'esperance même de mourir. Mais lors qu'il faut souffrir une longue & pénible langueur, qu'un cœur est remply d'amertume, & devient à charge à lui-même, qu'affoibly du passé, accablé du present, on est encore effrayé de l'avenir, qu'il est à craindre que l'inquiétude & l'impatience ne diminuënt un peu la soûmission & la foy! Une penitence continuée n'est pas toûjours également volontaire, & l'on est las de porter sa croix, quand il la faut porter si loin.

Madame LA DAUPHINE, dans toute sa tribulation, n'est point sortie des mains de Dieu, ni de l'ordre de sa Providence : elle a veu, sans murmurer, le débris de son corps mortel, & joignant à la fermeté qu'elle tenoit de la nature, celle que la pieté luy avoit acquise, elle a senty jusqu'où va la misere humaine, jusqu'où vont les misericordes divines. La maladie ou la santé lui devinrent indifferentes. Que demanda-t'elle à Dieu dans ses priéres ? Sa grace, rien plus. On faisoit mille vœux pour sa guérison : on la prioit d'y joindre

DE MADAME LA DAUPHINE. 33
dre son intention. *Quelle intention puis-je avoir*, disoit-elle, *sinon que la volonté du Seigneur s'accomplisse ?* Quel temps pensez-vous qu'elle vouloit donner à ses peines ? autant qu'il en faloit pour expier ses pechez. Combien de fois s'unissant en esprit à JESUS-CHRIST crucifié, luy offrit-elle son cœur & son mal, afin qu'il fortifiât l'un, & qu'il augmentât ou adoucît l'autre ? Combien de fois humiliée, mais non pas abattuë, luy dit-elle avec une humble confiance, comme cét homme de l'Evangile : *Si vous voulez me guérir, Seigneur, vous le pouvez ?* Mais aussi combien de fois l'adorant comme sa fin & son principe, disoit-elle ces paroles d'un Roy soûmis & penitent, Ma vie est dans sa volonté, *Vita in voluntate ejus ?* C'est ainsi qu'elle s'élevoit au-dessus d'elle-même, & de la Mort qu'elle craignoit.

La Mort qu'elle craignoit ! ne fais-je point de tort à sa religion & à son courage, & ne me contredis-je point ? Non, MESSIEURS, cette crainte d'amour & de penitence n'a rien de lâche. Elle

Matth. 8.

Ps. 29.

E

se regardoit comme une Pecheresse frappée de la main de Dieu. Elle sçavoit que les Anges, tout spirituels & celestes qu'ils sont, ne sont pas assez purs en sa presence. Elle avoüoit qu'il y a dans la grandeur, quoy qu'innocente, je ne sçai quel esprit d'orgueïl & de mollesse contraire à l'humilité & aux souffrances de JESUS-CHRIST. Aussi eut-elle recours aux remedes de l'ame, dans le temps qu'elle méprisoit ceux du corps. Sa conscience acheva de se purifier, & tout l'appareil de la Mort ne fit que redoubler son zele & sa componction.

Avec quels sentimens de reconnoissance & d'amour reçut-elle le S. Viatique ? Que n'êtes-vous à ma place dans cette Chaire, éloquent & pieux Prélat, qui luy portiez ce Pain vivant, avec la parole de vie ! Vous l'avez vû, & vous diriez en des termes plus énergiques, Que la foy ranimant la nature, elle sentit vivement la charité de JESUS-CHRIST ? qu'elle le vit au travers des voiles mysterieux qui le couvrent : qu'elle sortit comme hors d'elle-même, pour aller au-

M. l'Evêque de Meaux.

devant de luy ; qu'après d'inutiles efforts pour se relever, retombant comme sous le poids de la Divinité présente, par respect, moins que par foiblesse, elle reçut ce dernier gage de son amour, comme le sceau de sa prédestination éternelle.

Que ne puis-je vous exprimer avec quelle présence d'esprit elle ménagea ce qui luy restoit de momens précieux, pour délier les nœuds qui l'attachoient encore au monde ? avec quelle candeur elle ouvrit son cœur au Roy, humiliée devant luy, & touchée non pas de sa grandeur, de sa gloire, ou de sa puissance, Dieu seul, devant qui elle alloit comparoître, luy paroissoit grand : mais de sa religion, de sa justice, de sa bonté, & du mérite de sa personne : avec quelle douceur, elle leva vers Monseigneur, ses yeux mourans & ses mains tremblantes. Ses yeux qu'elle avoit toûjours arrêtez sur luy, comme sur l'unique objet de sa tendresse : ses mains qu'elle avoit si souvent levées au Ciel, lors qu'il s'exposoit à tous les perils de la guerre,

& qu'elle occupoit, dans les transports de sa joye, à luy préparer des couronnes aprés ses victoires. S'il restoit encore en son cœur quelque endroit sensible, c'estoit à l'amour, à la gloire, & plus encore au salut de ce Prince.

Tout s'attendrissoit, tout fondoit en larmes : la sainte Onction qu'on luy donnoit, les tristes priéres qu'on faisoit pour elle, la Croix de JESUS-CHRIST qu'elle embrassoit; le pardon qu'elle demandoit tantost à Dieu, tantost aux hommes ; la compassion qu'on avoit pour elle, & celle qu'elle avoit pour ceux qui l'avoient servie, causoient une douleur qui portoit la consolation, mais aussi le trouble dans l'ame; elle seule, MESSIEURS, elle seule demeuroit tranquille.

Maistresse de son esprit, & toute occupée de ses devoirs, au milieu même des horreurs de la mort, elle voulut bénir les jeunes Princes ses enfans, celui-là même qu'elle croyoit être l'enfant de sa douleur; & récueillant sa force avec sa sagesse : *Voyez*, dit-elle, *mes Enfans*,

DE MADAME LA DAUPHINE. 37.

l'état où Dieu m'a mise ; & que cela vous porte à le servir & à le craindre : Rendez AU ROY & à MONSEIGNEUR, l'obéissance que vous leur devez : souvenez-vous du sang dont vous estes sortis, & ne faites rien qui en soit indigne. Prince, qui faites aujourd'huy les esperances & les délices de la France, que pourrois-je vous dire de plus touchant ? Puissent ces efficaces & saintes paroles être éternellement gravées dans vôtre esprit, & dans le temps que sous les ordres du Roy, dont le Ciel a toûjours bény les Armes, un Pere victorieux va par mille Actions éclatantes, vous tracer le chemin de la gloire : puisse le pieux souvenir d'une Mere infirme & mourante, maintenir dans vôtre cœur une vive impression de la crainte de Dieu, & de l'humilité Chrétienne.

M. le Duc de Bourgogne.

Vos souhaits seront accomplis, pieuse Princesse : Fermez, fermez pour jamais vos yeux à la vanité, que vous avez connuë & que vous avez méprisée. Pour nous, mes Freres, ouvrons-les pour la connoître & pour nous en désabuser.

E iij

Quels conseils nous faut-il ? quelles raisons ? quels exemples ? Nous voyons mourir tous les jours nos inferieurs, nos égaux, nos Maîtres. Nous portons en nous-mêmes une voix & une réponse de mort, comme parle l'Apôtre, une Sentence qui se prononce & qui s'execute incessamment par l'affoiblissement & la diminution continuelle de nôtre vie, & nous sommes aveugles & insensibles. A la vûë de cette Mort que nous pleurons, touché de douleur, & baigné de larmes, vous reconnutes vôtre neant, Grand Roy, & vous dites : *C'est ainsi que nous finissons : Voilà qui nous égale tous.* Job au milieu de ses infortunes parloit ainsi : *Celui-cy meurt dans les prosperitez & dans les richesses, celui-là dans la misere & dans l'amertume de son ame. Et les uns & les autres dormiront ensemble dans la même poussiére.* Et vous, lors que vôtre grandeur & vôtre puissance semble éclater davantage, vous donnez à vôtre Cour, & prenez pour vous-même cette leçon si salutaire.

Pour nous, MESSIEURS, nous

2. Corinth. 1.

Job. c. 21.

voyons ce lugubre appareil, & ces tristes cérémonies, peut-être sans fruit, & sans réfléxion sur nous-mêmes. Une tristesse superficielle compose pour un temps le visage & la contenance, mais l'esprit & le cœur n'en sont pas frapez. Nôtre penchant nous porte à des idées plus agreables ; nous nous livrons à nos plaisirs, le siécle présent nous entraîne, les bons ou les mauvais succez nous enflent ou nous inquiétent ; nous ne pensons ni à la mort dont Dieu nous menace, ni à l'immortalité qu'il nous promet. Si nous n'étions Chrétiens que pour cette vie, & si nous n'esperions qu'aux biens de ce monde, nous serions peut-être excusables ; mais par la grace de J. CHRIST, nous sommes Chrétiens pour l'autre vie, & c'est en Dieu seul que se fondent nos esperances.

Oublions donc ce qui n'est que périssable & passager, pour nous attacher à ce qui est nôtre partage éternel. Et pour finir par où j'ai commencé, disons-nous sans cesse, selon le conseil de Saint Augustin : *Toutes choses passent comme l'om-*

bre, pour nous exciter à la penitence, ou pour renouveller nôtre ferveur ; de peur de dire un jour inutilement : *Toutes choses ont passé comme l'ombre* ; pour nous reprocher nôtre oisiveté, & pour nous plaindre de nos pertes irréparables. Fasse le Ciel que nous profitions du temps, des graces & des exemples que Dieu nous offre ; & qu'aprés nous estre unis à luy par la foy, nous joüissions de luy par la charité au siécle des siécles.

www.ingramcontent.com/pod-product-compliance
Lightning Source LLC
LaVergne TN
LVHW020057090426
835510LV00040B/1742